Dear Reader,

We're excited to introduce you to this wonderful book ... als, part of our Beginnings collection.

Scientific curiosity begins in childhood. Exposure to animals and their environments—whether in nature or in a book—is often at the root of a child's interest in science. Young Jane Goodall loved to observe the wildlife near her home, a passion that inspired her groundbreaking chimpanzee research. Charles Turner, pioneering entomologist, spent hours reading about ants and other insects in the pages of his father's books. Marine biologist, author, and conservationist Rachel Carson began writing stories about squirrels when she was eight. Spark curiosity in a child and watch them develop a lifelong enthusiasm for learning.

These beautifully illustrated, information-packed titles introduce youngsters to the fascinating world of animals, and, by extension, to themselves. They encourage children to make real-world connections that sharpen their analytical skills and give them a head start in STEM (science, technology, engineering, and math). Reading these titles together inspires children to think about how each species matures, what they need to survive, and what their communities look like—whether pride, flock, or family.

More than a simple scientific introduction, these animal stories illustrate and explore caring love across the mammal class. Showing children this type of attachment in the natural world fosters empathy, kindness, and compassion in both their interpersonal and interspecies interactions.

An easy choice for the home, library, or classroom, our Beginnings collection has something to spark or sustain budding curiosity in any child.

Enjoy!

Dia

Dia L. Michels
Publisher, Platypus Media

P.S. Our supplemental learning materials enable adults to support young readers in their quest for knowledge. Check them out, free of charge, at PlatypusMedia.com.

Beginnings

MIKE SPEISER

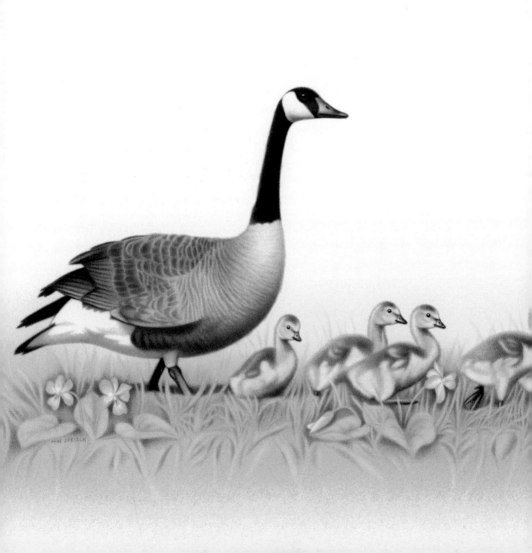

Cuddled and Carried

আদরে ও আলিঙ্গনে

By Dia L. Michels
Illustrated by Mike Speiser

Platypus Media
Washington, D.C.

My mama grooms me

আমার মা আমার পরিচর্যা করে

and guides me.

এবং পথ দেখায়।

My mama cuddles me

আমার মা আমাকে জড়িয়ে রাখে

and carries me.

এবং কোলে তুলে নেয়।

My mama snuggles me

আমার মা আমাকে আদর করে

and shelters me.

এবং সুরক্ষিত রাখে।

My mama nurtures me

আমার মা আমার প্রতিপালন করে

and nuzzles me.

এবং হাসিখুশি রাখে।

My mama nourishes me.

আমার মা আমাকে পরিপুষ্ট রাখে।

My family loves me very much.

আমার পরিবার আমাকে অনেক ভালবাসে।

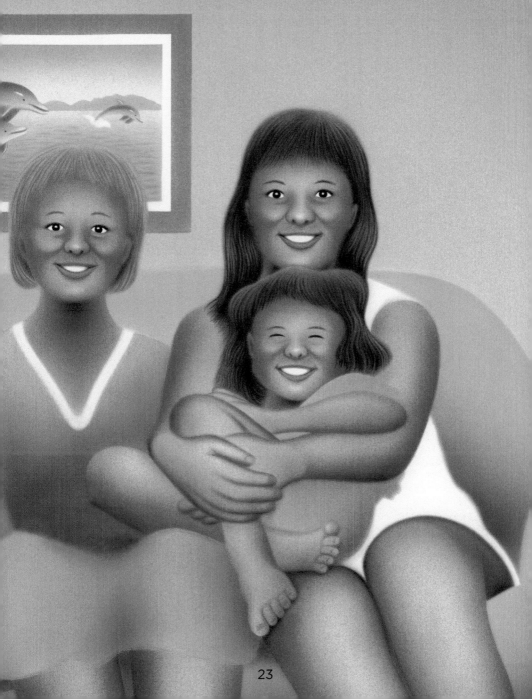

Cuddled and Carried • আদরে ও আলিঙ্গনে [stroller-bag edition]
English/Bengali bilingual paperback first edition | July 2021 | ISBN 13: 978-1-951995-01-0
English/Bengali bilingual eBook first edition | July 2021 | ISBN 13: 978-1-951995-06-5
Part of the Platypus Media collection, Beginnings
Beginnings logo by Hannah Thelen, © 2018 Platypus Media

Written by Dia L. Michels, Text © 2019
Illustrated by Mike Speiser, Illustration © 2019

Cover, Design, and Typesetting: Hannah Thelen, Platypus Media, Silver Spring, MD
    Holly Harper, Blue Bike Communications, Washington, D.C.
    and Linsey Silver, Element 47 Design, Washington, D.C.
Translation: Shahnoor Islam, Queens, NY

Visit ScienceNaturally.com for other bilingual titles in English/Bengali.

This title is also available in English/Spanish, English/Haitian Creole, English/Washoe, and English only.

Originally published in a larger 8.5 x 11" size as Cuddled and Carried • Consentido y cargado:
    English/Spanish bilingual hardback first edition | 2018 | ISBN 13: 978-1-930775-96-1
    English/Spanish bilingual paperback first edition | 2018 | ISBN 13: 978-1-930775-95-4
    English/Spanish bilingual eBook first edition | 2018 | ISBN 13: 978-1-930775-97-8

Teacher's Guide available at the Educational Resources page of PlatypusMedia.com

Published by:
    Platypus Media, LLC
    725 8th Street, SE
    Washington, D.C. 20003
    Office: 202-546-1674 | Fax: 202-558-2132
    Info@PlatypusMedia.com | www.PlatypusMedia.com

 Distributed to the trade by:
    National Book Network (North America)
        301-459-3366 • Toll-free: 800-462-6420
        CustomerCare@NBNbooks.com • NBNbooks.com
    NBN international (worldwide)
        NBNi.Cservs@IngramContent.com • Distribution.NBNi.co.uk

Library of Congress Control Number: 2021934437

10 9 8 7 6 5 4 3 2 1

Printed in the United States

Dia L. Michels is an internationally published, award-winning science and parenting writer who is committed to promoting attachment parenting. She has authored or edited over a dozen books for both children and adults. She can be reached at Dia@PlatypusMedia.com.

Mike Speiser's artwork has been featured on the covers of *Wild Animal Baby* magazine and in the Leigh Yawkey Woodson Art Museum. He is involved with efforts to protect the natural world for future generations. He can be reached at Mike@PlatypusMedia.com.

Shahnoor Islam is a Bangladeshi-American who has worked for Queens Public Library since 2005. She is the Supervising Librarian/Cataloger at Metadata Services, TSD. Shahnoor lives in Queens, NY with her husband and two children, Ariana and Arshan. This is her first book translation. She can be reached at ShahnoorSIslam@gmail.com.

What Do We Call Them?

তাদেরকে আমরা কি নামে ডাকি?

Baby Animal Name শিশু প্রাণীর নাম		Group Name দলের নাম	
English	Bengali • বাংলা	English	Bengali • বাংলা
Cub	পশুর ছানা	Clowder/Clutter/Pounce	একদল/বিশৃঙ্খলা/শিকারি পাখির নখ
Gosling	রাজহাঁসের বাচ্চা	Gaggle	ঝাঁক/দল
Cub	পশুর ছানা	Group	দল
Pup	কুকুরছানা	Pack	দল
Calf	বাছুর	Aggregation/Herd	মোট পরিমাণ/পশুর পাল
Calf	বাছুর	Pod	রেশম গুটি
Baby/Infant	শিশু/বাচ্চা	Troup/Buffoonery	বিপত্তি/মস্করা করা
Joey	ক্যাঙ্গারুর ছানা	Population/Colony	জনসংখ্যা/উপনিবেশ
Pup	কুকুরছানা	Raft	ভেলা
Calf	বাছুর	Herd	পশুর পাল
Pup	কুকুরছানা	Pod	রেশম গুটি
Cub	পশুর ছানা	Leap	লাফানো
Chick	মুরগির ছানা	Colony	উপনিবেশ
Chick	মুরগির ছানা	Flamboyance/Stand	জাঁকজমক/নিশ্চল
Cub	পশুর ছানা	Skulk	কাজ এড়ানো
Cub	পশুর ছানা	Celebration	উদযাপন
Baby	শিশু	Community	সম্প্রদায়
Cub	পশুর ছানা	Pack/Pride	দল/গর্ব

Animal Classes
প্রাণীর শ্রেণীবিভাগ

ACTIVITY: Using these definitions, match each animal pictured in the book to its correct class. Which classes appear more than once? Which do not appear at all?

কার্যকলাপ: এই সংজ্ঞাগুলো ব্যবহার করে, এই বইয়ের প্রত্যেকটি প্রাণীর ছবি দেখে তার সঠিক শ্রেণীর সাথে মিলাতে চেষ্টা কর। কোন শ্রেণীগুলো একাধিক বার ব্যবহৃত হয়েছে? কোন শ্রেণীগুলো একেবারেই ব্যবহার হয়নি?

Bird / পাখি

An animal that has wings and is covered with feathers.

Ex. eagles, robins, flamingos

যে প্রাণীর পাখা আছে এবং শরীর পালক দিয়ে ঢাকা থাকে।

উদাহরণ- ঈগল, রবিন পাখি, রাজহংস।

Reptile / সরীসৃপ প্রাণী

An animal that is cold blooded, lays eggs, and has a body covered with scales or hard parts.

Ex. turtles, crocodiles, snakes

যেসব প্রাণীর রক্ত ঠাণ্ডা, ডিম পারে, এবং শরীর আঁশ কিংবা শক্ত কিছু দিয়ে ঢাকা থাকে।

উদাহরণ- কচ্ছপ, কুমির, সাপ।

Fish / মাছ

An animal that lives in water and has gills and fins on its body.

Ex. goldfish, carp, sharks

যেসব প্রাণী পানিতে বাস করে এবং শরীরে শ্বাসযন্ত্র ও ডানা আছে।

উদাহরণ- গোল্ডফিস, রুই মাছ, হাঙ্গর।

Mammal / স্তন্যপায়ী প্রাণী

An animal that has hair/fur, is endothermic, has a backbone, and feeds milk to its young.

Ex. horses, dogs, humans

যে প্রাণীর চুল/পশম আছে, এদের রক্ত উষ্ণ, মেরুদণ্ড আছে, এবং নিজের বাচ্চাকে দুধ খাওয়ায়।

উদাহরণ- ঘোড়া, কুকুর, মানুষ।

Amphibian / উভচর প্রাণী

An animal that can live both on land and in water. When they are first born, they have an aquatic gill-breathing larval stage before typically developing into a lung-breathing adult.

Ex. frogs, toads, salamanders

যে প্রাণী জল এবং স্থল উভয় জায়গায় বসবাস করতে পারে। এই প্রাণী যখন জন্ম গ্রহণ করে, পানিতে লার্ভার মত শ্বাস-প্রশ্বাস নেয় এবং বড় হয়ে ফুসফুসের মাধ্যমে শ্বাস-প্রশ্বাস নিতে সক্ষম হয়।

উদাহরণ- ব্যাঙ, ব্যাঙ, সালামান্দার।

Arthropod / সন্ধিপদী প্রাণী

An animal that has more than four jointed legs.

Ex. bees, spiders, crabs

যে প্রাণীর চারটির বেশি জোড়া পা আছে।

উদাহরণ- মৌমাছি, মাকড়শা, কাঁকড়া।

Answers / উত্তর

Mammal Class / স্তন্যপায়ী দল:

bobcat / বনবিড়াল, panda / পাণ্ডা, wolf / নেকড়ে, manatee / সমুদ্র গাভী, dolphin / ডলফিন, orangutan / নড়াকার উল্লুক, koala / কোয়ালা, sea otter / সামুদ্রিক ভোঁদড়, elephant / হাতি, seal / সিল, snow leopard / তুষার চিতা, fox / শেয়াল, polar bear / মরু ভল্লুক, human / মানুষ, cougar / চিতাবাঘ

Bird Class / পাখির দল:

goose / রাজহংসী, penguin / পেঙ্গুইন, flamingo / রাজহংস

Care and Attachment
যত্ন এবং আসক্তি

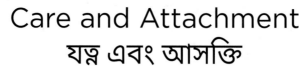

Mothers care for their babies in many ways. Each animal baby has different needs based on their habitat, how fast they grow, and the social behavior of their species. Scientists identify four categories of care for mammals.

ACTIVITY: Review the definitions provided here and try to match the mammals in this book to the way the mother cares for her babies.

মায়েরা বিভিন্ন ভাবে তাদের সন্তানদের যত্ন করে থাকে। প্রত্যেকটি পশু ছানার বাসস্থান, বেড়ে উঠার দ্রুততা এবং নিজস্ব প্রজাতির সামাজিক আচরণ অনুযায়ি তাদের পরিচর্যার মাধ্যম ভিন্ন হয়। বিজ্ঞানীরা স্তন্যপায়ী প্রাণীদের যত্নের মাধ্যমগুলোকে চার ভাগে ভাগ করেছেন।

কার্যকলাপ: এখানে দেয়া সংজ্ঞাগুলো ব্যবহার করে, এই বইয়ের স্তন্যপায়ী মায়েরা কিভাবে তাদের বাচ্চাদের যত্ন করে তার সাথে মিলাতে চেষ্টা কর।

Cache / খাদ্য গোপন করে

Ex. deer, rabbits
উদাহরন: হরিন, খরগোশ

HINT: There are no cache mammals in this book.

সংকেত: এই বইয়ে খাদ্য গোপন করে রাখে এমন কোন স্তন্যপায়ী প্রাণী নেই।

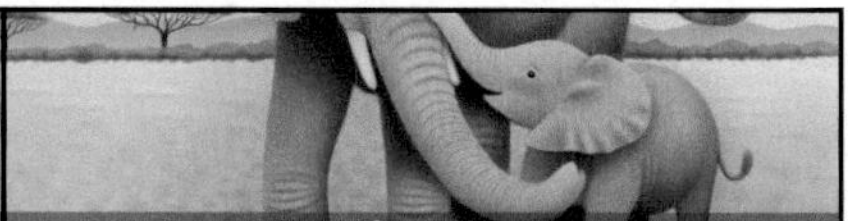

Follow / অনুসরণ করে

Ex. giraffes, cows
উদাহরন: জিরাফ, গরু

HINT: Look for babies that walk or swim by mom.

সংকেত: যে প্রাণীর ছানাগুলো তাদের মায়েদের সাথে চলাফেরা করে এবং সাঁতার কাটে তাদের খুঁজে বের কর।

Nest / বাসস্থানে থাকে

Ex. dogs, cats
উদাহরন: কুকুর, বিড়াল

HINT: Look for animals snuggling together.

সংকেত: যে প্রাণিগুলো তাদের বাচ্চাদের জড়িয়ে ধরে রাখে তাদের খুঁজে বের কর।

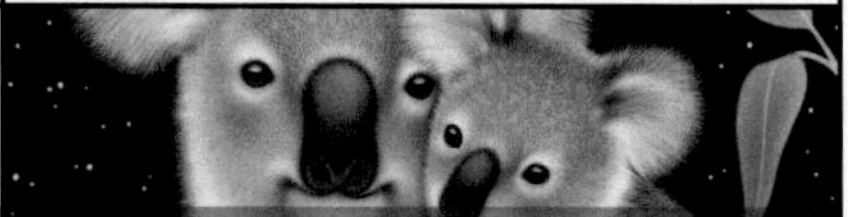

Carry / বহন করে

Ex. kangaroos, humans
উদাহরন: ক্যাঙ্গারু, মানুষ।

HINT: Look for babies that are often held, or hold onto mom.

সংকেত: যে প্রাণিগুলো প্রায়ই তাদের বাচ্চাদের কোলে করে রাখে তাদের খুঁজে বের কর।

Cache Mammals / খাদ্য গোপন করা স্তন্যপায়ী প্রাণী

These animals are mature at birth. Mothers hide their babies in a safe place, returning every twelve hours or so. Their milk is high in protein and fat to sustain the babies for a long time between feedings.

এই প্রাণীগুলো জন্ম থেকেই পরিপক্ক হয়ে থাকে। মায়েরা তাদের সন্তানদের নিরাপদ স্থানে লুকিয়ে রাখে আর প্রতি বার ঘন্টা বা সেরুপ সময় অন্তর ফিরে আসে। এই প্রাণীর মায়ের দুধে প্রচুর পরিমাণ আমিষ ও চর্বি থাকায় বাচ্চারা লম্বা বিরতিতে খাবার ছাড়া থাকতে পারে।

Follow Mammals / অনুসরণ করা স্তন্যপায়ী প্রাণী

These mammals are also mature at birth, but follow their mothers wherever they go. Since the baby is always near the mother and feeds often, the mother's milk is relatively low in protein and fat.

এই প্রাণীগুলোও জন্ম থেকেই পরিপক্ক হয়ে থাকে, তবে এরা সর্বক্ষণ এদের মায়েদের অনুসরন করে। যেহেতু এই ছানাগুলো সারাক্ষণ তাদের মায়েদের আশেপাশে থাকে এবং মায়ের দুধ পান করে, তাদের মায়ের দুধে আমিষ ও চর্বির পরিমান তুলনামূলক ভাবে কম থাকে।

Nest Mammals / বাসস্থানে থাকা স্তন্যপায়ী প্রাণী

These animals are relatively immature at birth. They need the nest and closeness of their siblings for warmth. They nurse several times a day. The mother's milk has less protein and fat than cache mammals, but more than follow mammals.

এই প্রাণীগুলো আপেক্ষিক ভাবে জন্মের সময় অপরিপক্ক থাকে। উষ্ণতার জন্যে তারা তাদের বাসস্থানে থাকে এবং তাদের ভাই-বোনদের সাথে ঘেঁষাঘেঁষি করে থাকে। তারা প্রতিদিন কয়েকবার তাদের মায়ের দুধ পান করে। তাদের মায়ের দুধে আমিষ ও চর্বির পরিমাণ খাদ্য গোপন করা স্তন্যপায়ী প্রাণীদের দুধের তুলনায় কম থাকে, কিন্তু যা কিনা অনুসরণ করা স্তন্যপায়ী প্রাণীর দুধের চেয়ে বেশি।

Carry Mammals / বহন করা স্তন্যপায়ী প্রাণী

These animals are the most immature at birth, need the warmth of the mother's body, are carried constantly, and feed around the clock. The mother's milk has low levels of fat and protein.

এই প্রাণীগুলো জন্মের সময় সবচেয়ে বেশি অপরিপক্ক থাকে, তাদের বেড়ে উঠার জন্যে মায়েদের শরীরের উষ্ণতা, ও ঘন ঘন খাওয়ানোর প্রয়োজন হয়। এই মায়েদের দুধে আমিষ ও চর্বির পরিমাণ কম থাকে।

Answers / উত্তর

Cache Mammal / খাদ্য গোপন করা স্তন্যপায়ী প্রাণী: none / কোনটাই নয়

Follow Mammal / অনুসরণ করা স্তন্যপায়ী প্রাণী: dolphin / ডলফিন, manatee / সমুদ্র গাভী, elephant / হাতি

Carry Mammal / বহন করা স্তন্যপায়ী প্রাণী: orangutan / নরাকার-উল্লুক, koala / কোয়ালা, human / মানুষ।